Gustavo E. Jamut

TERÇO E NOVENA A SÃO JOSÉ

Paulinas

Dados Internacionais de Catalogação na Publicação (CIP)
(Câmara Brasileira do Livro, SP, Brasil)

Jamut, Gustavo E.
  Terço e novena a São José / Gustavo E. Jamut ; [tradução Leonilda Menossi]. – São Paulo : Paulinas, 2015. – (Coleção vida e oração)

  ISBN 978-85-356-4060-1

  1. José, Santo 2. Meditação 3. Oração I. Título. II. Série.

15-10773   CDD-242.75

Índice para catálogo sistemático:
1. José : Santo : Orações : Cristianismo   242.75

Título original: Rosario y novena junto a San Jose
© San Pablo, Buenos Aires (Argentina), 2011

Direção-geral:	*Bernadete Boff*
Editora responsável:	*Andréia Schweitzer*
Tradução:	*Leonilda Menossi*
Copidesque:	*Ana Cecilia Mari*
Coordenação de revisão:	*Marina Mendonça*
Revisão:	*Ana Cecilia Mari*
Gerente de produção:	*Felício Calegaro Neto*
Projeto gráfico:	*Manuel Rebelato Miramontes*
Diagramação:	*Irene Asato Ruiz*
Capa:	*São José com o menino Jesus, Guido Reni, 1635*

1ª edição – 2016
4ª reimpressão – 2024

Nenhuma parte desta obra poderá ser reproduzida ou transmitida por qualquer forma elou quaisquer meios (eletrônico ou mecânico, incluindo fotocópia e gravação) ou arquivada em qualquer sistema ou banco de dados sem permissão escrita da Editora. Direitos reservados.

Paulinas

Rua Dona Inácia Uchoa, 62
04110-020 – São Paulo – SP (Brasil)
Tel.: (11) 2125-3500
paulinas.com.br – editora@paulinas.com.br
Telemarketing e SAC: 0800-7010081

© Pia Sociedade Filhas de São Paulo – São Paulo, 2016

Sumário

Introdução 5

Primeira parte – Terço em honra a São José

Terço em honra a São José 9

1º Mistério 11

2º Mistério 16

3º Mistério 20

4º Mistério 24

5º Mistério 28

Segunda Parte – Novena a São José

Novena a São José 35

Orações e ladainha 40

Introdução

As meditações para este terço nasceram na manhã de 19 de março – festa de São José – na cidade de Trieste, no final de uma pregação de uma série de retiros espirituais em diferentes localidades da Itália.

As ideias para cada mistério surgiram com tanta clareza e espontaneidade, na presença de São José, que em nenhum momento duvidei que se deveriam escrever as reflexões que iam surgindo na oração.

Dias depois, partilhando essas meditações com os participantes de um retiro – ainda antes mesmo de serem impressas –, recebi vários testemunhos de pessoas que me comunicavam que, na oração, chegaram a sentir que São José lhes pedia que tivessem amor ao cônjuge, fortalecessem os gestos de valorização e carinho para com os filhos, e que ele intercedia para que pudessem receber essas graças.

Outras pessoas, que também haviam começado a rezar com as meditações desse terço, me comunicaram que, meses depois, a intercessão de São José lhes tinha obtido graças de grande ajuda, a tal ponto que chegaram a superar dificuldades no trabalho que, até aquele momento, acreditavam não haver solução. Inclusive, para outras pessoas abriram-se portas que pareciam estar totalmente fechadas.

Os testemunhos sobre a pessoa desse humilde e grande santo não me surpreenderam em nada, pois eu mesmo experimentei, durante meu ministério sacerdotal, a poderosa intercessão de São José. Acrescente-se a isso o que disse Santa Teresa de Jesus:

Tomei por advogado e senhor o glorioso São José e recomendei-me muito a ele. Vi claramente que, tanto dessa necessidade quanto de outras maiores, como a de perder a estima e a alma, esse meu pai e senhor me livrou mais do que imaginei pedir. Não me lembro até hoje de lhe ter pedido algo em oração, que ele não me tivesse concedido (V 6, 6).

Desejo e rezo para que também possa encontrar em São José a figura de um pai e amigo e que, pela sua poderosa intercessão, alcance de Deus todas as graças de que você, sua família e sua comunidade necessitam.

Que, pela intercessão de São José, Deus o abençoe, guie e proteja.

Padre Gustavo E. Jamut, omv

Primeira parte

Terço em honra a São José

Terço em honra a São José

Pelo sinal da santa cruz,
livrai-nos, Deus, nosso Senhor,
dos nossos inimigos.

Em nome do Pai,
do Filho e do Espírito Santo.
Amém!

Ato de contrição

Antes de iniciar o terço, peçamos a Deus que ilumine e purifique com sua luz todas as áreas de nossa vida, a fim de sermos libertos e perdoados de todos os pecados que tenhamos cometido. Dessa forma, poderemos abrir-nos e dispor-nos cada vez mais para receber as bênçãos que, por meio de São José, o Senhor nos queira conceder.

Vós, que nos convidais a contemplar as virtudes de São José:

– *Senhor, tende piedade de nós.*

Vós, que nos animais a buscar a santidade em todas as coisas simples e cotidianas da vida:

– *Cristo, tende piedade de nós.*

Vós, que nos encorajais a nos deixarmos amar e transformar por vós:

– *Senhor, tende piedade de nós.*

Oração

Pedimo-vos, ó Pai, que purifiqueis com a vossa grande misericórdia a nossa alma, a fim de que, a partir da oração, meditação e contemplação dos mistérios da vida de São José, possais trabalhar mais profundamente na santificação de nosso coração. Vós que viveis e reinais pelos séculos dos séculos. Amém.

1º Mistério

Neste primeiro mistério, contemplamos São José
quando, ao saber que Maria estava grávida,
decide abandoná-la em segredo.

Citação bíblica

"Ora, a origem de Jesus Cristo foi assim: Maria, sua mãe, estava prometida em casamento a José e, antes de passarem a conviver, ela encontrou-se grávida pela ação do Espírito Santo. José, seu esposo, sendo justo e não querendo denunciá-la publicamente, pensou em despedi-la secretamente. Mas, no que lhe veio esse pensamento, apareceu-lhe em sonho um anjo do Senhor..." (Mt 1,18-20).

Reflexão

Querido São José, é difícil compreendermos plenamente a dor imensa que sentistes ao saber que Maria, vossa noiva, estava grávida. Nessa circunstância, um mar tenebroso de pensamentos inundou vossa mente, um *tsunami* de dolorosas emoções e contradições desabaram sobre vosso coração.

Certamente, eram estas as perguntas que dia e noite vos assaltavam: "Como é possível que Maria seja tão diferente do que sempre imaginei? Ela, que parecia ser a mulher mais pura e mais leal, como agora pode estar grávida? Por que ela não se defende nem procura justificar-se? E agora, o que faço? Se revelo que não sou o pai, acabará sendo apedrejada e morta. Deus meu, dai-me vossa luz, ajudai-me a tomar uma atitude".

Diante disso, José decide agir como um cavalheiro, "ou talvez seja melhor dizer, como um homem justo e santo", mantendo-a em segredo. Assim, quando as pessoas soubessem da gravidez de Maria, a responsabilidade cairia sobre ele, de acordo com a opinião dos vizinhos e parentes.

Contudo, Deus não abandona seus justos, mas os protege. No momento oportuno, intervém com sua luz, mostrando a verdade e organizando as várias situações da vida que precisam de sua intervenção amorosa e poderosa.

Oração

Querido São José, nós vos pedimos que intercedais por nós, para que o Espírito Santo de Deus nos conceda um coração justo, repleto de amor, compreensão e misericórdia perante as debilidades e fraquezas de nossos irmãos; e que, movidos pelo amor e pelo perdão, sejamos livres de todo ressentimento e desejo de vingança, de modo tal que, também em nossa vida, Deus possa intervir, concedendo-nos sua ajuda. Amém.

– *Pai nosso...*

1. Ó Jesus, nós vos entregamos as situações da nossa vida que não conseguimos entender.

– Recebei-as, Senhor.

– *Ave, Maria...*

2. Ó Jesus, nós vos entregamos as situações da nossa vida que nos oprimem.

– Recebei-as, Senhor.

– *Ave, Maria...*

3. Ó Jesus, nós vos entregamos as situações da nossa vida que superam nossas capacidades.

– Recebei-as, Senhor.

– *Ave, Maria...*

4. Ó Jesus, nós vos entregamos as situações da nossa vida que não sabemos como resolver.

– Recebei-as, Senhor.

– *Ave, Maria...*

5. Ó Jesus, nós vos entregamos o fato de não conseguirmos compreender o modo de agir de certas pessoas.

– Recebei-o, Senhor.

– *Ave, Maria...*

6. Ó Jesus, nós vos entregamos os sofrimentos que, em certas ocasiões, fazem com que nos sintamos incompreendidos e julgados.

– Recebei-os, Senhor.

– *Ave, Maria...*

7. Ó Jesus, nós vos entregamos as situações que nos ajudaram a crescer no dom da prudência.

– Recebei-as, Senhor.

– *Ave, Maria...*

8. Ó Jesus, nós vos entregamos as situações que nos fizeram ser homens e mulheres justos, como São José.

– Recebei-as, Senhor.

– *Ave, Maria...*

9. Ó Jesus, nós vos entregamos as situações que nos fazem experimentar nossa fragilidade.

– Recebei-as, Senhor.

– *Ave, Maria...*

10. Ó Jesus, nós vos entregamos as situações que nos fazem experimentar que, sem vós, somos muito frágeis.

– Recebei-as, Senhor.

– *Ave, Maria...*

– *Glória ao Pai, ao Filho e ao Espírito Santo...*

Jaculatória

Ó Senhor, meu Deus, em vossas mãos coloco a minha vida. Peço, pela intercessão de São José, alcançar todas as graças e bênçãos que tendes para minha vida, para minha família e para toda a Igreja. Amém.

As grandes graças que Deus me concedeu por meio deste Bem-aventurado santo e os perigos do corpo e da alma de que ele me livrou, é algo assombroso! Parece que a outros santos o Senhor deu graças para socorrer em determinada necessidade; porém, em relação a esse santo glorioso, experimentei que ele me socorre em todas; o Senhor quer dar-nos a entender que, assim como foi submisso a ele na terra, pois tinha a missão de pai e era seu protetor, e podia mandar nele, assim também no céu faz tudo quanto ele lhe pedir.

(Santa Teresa de Jesus)

2º Mistério

Neste segundo mistério, contemplamos São José que, por meio do Anjo de Deus, recebe a resposta de que necessita para recuperar a paz.

Citação bíblica

"Apareceu-lhe em sonho um Anjo do Senhor, que lhe disse: 'José, filho de Davi, não tenhas receio de receber Maria, tua esposa; o que nela foi gerado vem do Espírito Santo. Ela dará à luz um filho, e tu lhe porás o nome de Jesus, pois ele vai salvar o seu povo dos seus pecados'. Tudo isso aconteceu para se cumprir o que o Senhor tinha dito pelo profeta: 'Eis que a virgem ficará grávida e dará à luz um filho. Ele será chamado pelo nome de Emanuel, que significa: Deus-conosco'. Quando acordou, José fez conforme o Anjo do Senhor tinha mandado e acolheu sua esposa. E não teve relações com ela até o dia em que deu à luz o filho, ao qual ele pôs o nome de Jesus" (Mt 1,20-25).

Reflexão

Querido São José, sabeis, por experiência própria, que, depois da noite, vem o dia, que, depois da tempestade, vem a bonança. O mesmo acontece quando nós, como também vós o fizestes, agimos com fidelidade a Deus e a nossos irmãos.

Hoje nós vos agradecemos porque sempre estivestes aberto para ouvir a voz de Deus e de seus anjos; e com o coração transformado pelo dom da humildade, obedecestes com inteira confiança.

Oração

Ó São José, pedimos que intercedais por nós, para que, silenciando tanta ansiedade, tantos ruídos interiores e exteriores, cresça em nós o desejo de escutar a voz de Deus. E que, assim, se fortaleça a virtude da humildade, para obedecê-lo também nas pequeninas coisas que a cada dia nos sugere, seguindo as inspirações que manda por meio de seus anjos. Amém.

– *Pai nosso...*

1. Ó Jesus, nós vos entregamos nossos temores.

– Recebei-os, Senhor.

– *Ave, Maria...*

2. Ó Jesus, nós vos entregamos nossos sonhos.

– Recebei-os, Senhor.

– *Ave, Maria...*

3. Ó Jesus, nós vos entregamos nossos projetos.

– Recebei-os, Senhor.

– *Ave, Maria...*

4. Ó Jesus, nós vos entregamos nossos anseios mais profundos.

– Recebei-os, Senhor.

– *Ave, Maria...*

5. Ó Jesus, nós vos entregamos tudo o que se agita no universo de nosso inconsciente.

– Recebei-o, Senhor.

– *Ave, Maria...*

6. Ó Jesus, recebei nossos pedidos para sermos libertos de segundas intenções.

– Recebei-os Senhor.

– *Ave, Maria...*

7. Ó Jesus, recebei nossos pedidos para sermos libertos da ira.

– Recebei-os, Senhor.

– *Ave, Maria...*

8. Ó Jesus, recebei nossos pedidos para afastar toda forma de injustiça.

– Recebei-os, Senhor.

– *Ave, Maria...*

9. Ó Jesus, recebei nossos pedidos para crescer no dom do verdadeiro amor.

– Recebei-os, Senhor.

– *Ave, Maria...*

10. Ó Jesus, recebei nossos pedidos para continuarmos melhorando cada dia mais.

– Recebei-os, Senhor.

– *Ave, Maria...*

– *Glória ao Pai, ao Filho e ao Espírito Santo...*

Jaculatória

Ó Senhor, meu Deus, em vossas mãos coloco a minha vida. Peço, pela intercessão de São José, alcançar todas as graças e bênçãos que tendes para minha vida, para minha família e para toda a Igreja. Amém.

❧

As grandes graças que Deus me concedeu por meio desse santo
foram comprovadas por algumas pessoas,
às quais eu dizia que se recomendassem a ele,
e também pela minha experiência;
e muitas pessoas que começaram a ter-lhe
devoção constataram essa verdade.
(Santa Teresa de Jesus)

3º Mistério

Neste terceiro mistério, contemplamos São José
que, com a Virgem Maria, dirige-se ao Templo
para a apresentação do Menino Jesus.

Citação bíblica

"No oitavo dia, quando o menino devia ser circuncida-
do, deram-lhe o nome de Jesus, como fora chamado pelo
anjo antes de ser concebido no ventre da mãe. E quando se
completaram os dias da purificação, segundo a lei de Moi-
sés, levaram o menino a Jerusalém para apresentá-lo ao Senhor, conforme está escrito na lei do Senhor: 'Todo primo-
gênito do sexo masculino será consagrado ao Senhor'. Para
tanto, deviam oferecer um par de rolas ou dois pombinhos,
como está escrito na Lei do Senhor" (Lc 2,21-23).

Reflexão

Querido São José, vossa disponibilidade à vontade de
Deus é perfeita. Vossa generosidade não tem medida, a
ponto de, com Maria, oferecerdes a Jesus no Templo como
vosso próprio filho.

Na condição de simples carpinteiro, não tínheis meios
materiais para oferecer um cordeiro, como faziam as famílias mais abastadas. Por isso, oferecestes só um par de rolas

ou de pombinhos. No entanto, esta vossa simples oferenda nos recorda de que a generosidade consegue transformar as emoções do coração, a ponto de sentirmos que há mais felicidade em dar do que em receber. E também nos encorajais a oferecer-nos a Deus, para sermos guiados pelo Espírito Santo, como mansas pombas.

Oração

Ó São José, nós vos pedimos que intercedais por nós, a fim de que possamos assumir nossas responsabilidades com serenidade e perseverança, sem desanimarmos perante as dificuldades e contratempos. E que aceitemos serenamente que as situações da vida não são perfeitas, mas que podemos encontrar paz, inclusive nas condições mais adversas. Ajudai a também formar em nós um coração generoso, a fim de podermos doar-nos inteiramente. Amém.

– *Pai nosso...*

1. Ó Jesus, nós vos oferecemos tudo o que criastes.

– Recebei-o, Senhor.

– *Ave, Maria...*

2. Ó Jesus, nós vos oferecemos nossos trabalhos.

– Recebei-os, Senhor.

– *Ave, Maria...*

3. Ó Jesus, nós vos oferecemos a economia familiar.

– Recebei-a, Senhor.

– *Ave, Maria...*

4. Ó Jesus, nós vos oferecemos nossa família.

– Recebei-a, Senhor.

– *Ave, Maria...*

5. Ó Jesus, nós vos oferecemos o desejo de ajudar a quantos sofrem de algum tipo de escravidão.

– Recebei-o, Senhor.

– *Ave, Maria...*

6. Ó Jesus, nós vos oferecemos o desejo de abrigar a todos em nosso coração.

– Recebei-o, Senhor.

– *Ave, Maria...*

7. Ó Jesus, nós vos oferecemos o desejo de honrar-vos, rezando por aqueles que já partiram desta vida.

– Recebei-o, Senhor.

– *Ave, Maria...*

8. Ó Jesus, nós vos oferecemos o desejo de, com perseverança, comprometer-nos com as pastorais da paróquia.

– Recebei-o, Senhor.

– *Ave, Maria...*

9. Ó Jesus, nós vos oferecemos o desejo de vos servir nas atividades em que há maiores necessidades.

– Recebei-o, Senhor.

– *Ave, Maria...*

10. Ó Jesus, nos vós oferecemos o desejo de continuarmos formando-nos espiritualmente, para melhor vos servir.

– Recebei-o, Senhor.

– *Ave, Maria...*

– *Glória ao Pai, ao Filho e ao Espírito Santo...*

Jaculatória

Ó Senhor, meu Deus, em vossas mãos coloco a minha vida. Peço, pela intercessão de São José, alcançar todas as graças e bênçãos que tendes para minha vida, para minha família e para toda a Igreja. Amém.

Quereria persuadir a todos que fossem devotos deste glorioso santo, pela grande experiência que tenho dos bens que ele alcança de Deus. Nunca conheci ninguém que tenha verdadeira devoção e que lhe preste particulares serviços, que não se veja mais adiantado nas virtudes;
pois ajuda muito as almas que a ele se recomendam.
(Santa Teresa de Jesus, V 6, 7)

4º Mistério

Neste mistério, contemplamos São José que,
obediente às palavras do anjo, foge para o Egito,
a fim de salvar o Menino Jesus.

Citação bíblica

"Depois que os magos se retiraram, o Anjo do Senhor
apareceu em sonho a José e lhe disse: 'Levanta-te, toma o
menino e sua mãe e foge para o Egito! Fica lá até que eu te
avise, porque Herodes vai procurar o menino para matá-lo'.
José levantou-se de noite, com o menino e a mãe, e retirou-
-se para o Egito; e lá ficou até a morte de Herodes. Assim
se cumpriu o que o Senhor tinha dito pelo profeta: 'Do
Egito chamei meu filho'" (Mt 2,13-15).

Reflexão

Meu querido São José, admira-me vossa constante ca-
pacidade de saber escutar o Anjo de Deus, bem como vossa humildade em obedecer-lhe com rapidez. Também me
causam admiração as várias perdas ocorridas em vossa vida
e as muitas vezes que tivestes de renunciar aos vossos desejos e projetos, para cuidar do Filho de Deus e de Maria, sua
Mãe. E ainda, como em todas as situações soubestes man-
ter a calma e a serenidade e seguir o rumo certo, marcado

por Deus. Ante tal exemplo, não posso senão desejar assemelhar-me a vós. Peço, pois, por vossa intercessão, que tanto eu como todos os batizados nos assemelhemos cada dia mais a vós.

Oração

Ó São José, nós vos pedimos que intercedais por nós, a fim de não desanimarmos perante as perseguições e injustiças que possamos sofrer na vida, por causa da verdade e do bem; mas que, ao contrário, estejamos sempre abertos para vos escutar; e que, desse modo, não somente possamos receber de vós palavras de consolo e fortaleza, como também que nos indiqueis o rumo certo a seguir. Livrai-nos, a nós e a toda a Igreja, das mãos de nossos inimigos e protegei-nos de todo mal. Amém.

– *Pai nosso...*

1. A nós todos, vossos pequenos filhos.

– Livrai-nos e protegei-nos, Senhor.

– *Ave, Maria...*

2. A todos os batizados.

– Livrai-os e protegei-os, Senhor.

– *Ave, Maria...*

3. A todos os leigos comprometidos com a vossa Igreja.

– Livrai-os e protegei-os, Senhor.

– *Ave, Maria...*

4. A todos os missionários.

– Livrai-os e protegei-os, Senhor.

– *Ave, Maria...*

5. A todos os mensageiros da paz.

– Livrai-os e protegei-os, Senhor.

– *Ave, Maria...*

6. A todos os seminaristas e religiosos em formação.

– Livrai-os e protegei-os, Senhor.

– *Ave, Maria...*

7. A todos os religiosos e as consagradas.

– Livrai-os e protegei-os, Senhor.

– *Ave, Maria...*

8. A todos os diáconos e sacerdotes.

– Livrai-os e protegei-os, Senhor.

– *Ave, Maria...*

9. A todos os bispos.

– Livrai-os e protegei-os, Senhor.

– *Ave, Maria...*

10. Ao Santo Padre, o Papa.

– Livrai-o e protegei-o, Senhor.

– *Ave, Maria...*

– *Glória ao Pai, ao Filho e ao Espírito Santo...*

Jaculatória

Ó Senhor, meu Deus, em vossas mãos coloco a minha vida. Peço, pela intercessão de São José, alcançar todas as graças e bênçãos que tendes para minha vida, para minha família e para toda a Igreja. Amém.

No dia de sua festa [São José] creio que, já há alguns anos,
eu lhe peço uma coisa e sempre a vejo ser cumprida;
se o pedido não for para o meu maior bem,
então ele o dirige a algo melhor para mim.
(Santa Teresa, V 6, 7)

5º Mistério

Neste quinto mistério, contemplamos São José
que, ao lado de Maria, durante três dias,
procura com intensa aflição a Jesus,
que se tinha deixado ficar no Templo de Jerusalém.

Citação bíblica

"Todos os anos, os pais de Jesus iam a Jerusalém para a festa da Páscoa. Quando completou doze anos, eles foram para a festa, como de costume. Terminados os dias da festa, enquanto eles voltavam, Jesus ficou em Jerusalém sem que seus pais percebessem. Pensando que se encontrasse na caravana, caminharam um dia inteiro. Começaram então a procurá-lo entre os parentes e conhecidos. Mas, como não o encontrassem, voltaram a Jerusalém, procurando-o. Depois de três dias, o encontraram no Templo, sentado entre os doutores, ouvindo-os e fazendo-lhes perguntas. Todos aqueles que ouviam o menino ficavam maravilhados com sua inteligência e suas respostas. Quando o viram, seus pais ficaram comovidos, e sua mãe lhe disse: 'Filho, por que agiste assim conosco? Olha, teu pai e eu estávamos, angustiados, à tua procura!'. Ele respondeu: 'Por que me procuráveis? Não sabíeis que eu devo estar naquilo que é de meu Pai?'. Eles, porém, não compreenderam a palavra que ele lhes falou. Jesus desceu, então, com seus pais para Nazaré e era obediente a eles. Sua mãe guardava todas essas coisas no coração" (Lc 2,41-52).

Reflexão

Meu querido São José, quantos homens e mulheres, crianças, jovens e adultos, estão passando hoje por uma dor semelhante à que vós e Maria sofrestes: a dor de ter perdido um ente querido, a dor de ter perdido a boa reputação, a saúde, os laços afetivos que os uniam a familiares e amigos, a própria casa, o benefício de viver no próprio país, o trabalho, os projetos de vida, inclusive a graça divina.

No entanto, vós não deixais de interceder por nós, a fim de que, se não pudermos recuperar o que perdemos, ao menos reencontremos a paz interior e obtenhamos novas graças para a nossa vida.

Oração

Nós vos pedimos, São José, que intercedais por nós, a fim de não vivermos presos ao passado nem àquilo que perdemos. Ajudai-nos a nos concentrar em Deus, na sua vontade divina, em novas buscas e novos horizontes que o Espírito Santo nos indicar. E que, desse modo, possamos reencontrar aquilo que perdemos e descobrir novos horizontes, que nos darão novas oportunidades e graças. Amém.

– *Pai nosso...*

1. Concedei-nos saúde espiritual.

– Pela intercessão de São José, ouvi-nos, Senhor.

– *Ave, Maria...*

2. Concedei-nos saúde emocional.

– Pela intercessão de São José, ouvi-nos, Senhor.

– *Ave, Maria...*

3. Concedei-nos saúde psicologia.

– Pela intercessão de São José, ouvi-nos, Senhor.

– *Ave, Maria...*

4. Concedei-nos saúde física.

– Pela intercessão de São José, ouvi-nos, Senhor.

– *Ave, Maria...*

5. Concedei-nos vínculos afetivos sadios e reparadores.

– Pela intercessão de São José, ouvi-nos, Senhor.

– *Ave, Maria...*

6. Concedei-nos fervor apostólico, dons e carismas.

– Pela intercessão de São José, ouvi-nos, Senhor.

– *Ave, Maria...*

7. Concedei-nos um bom trabalho e prosperidade material.

– Pela intercessão de São José, ouvi-nos, Senhor.

– *Ave, Maria...*

8. Concedei-nos o aumento de vossa graça.

– Pela intercessão de São José, ouvi-nos, Senhor.

– *Ave, Maria...*

9. Concedei-nos estabilidade e crescimento em todas as áreas de nossa vida.

– Pela intercessão de São José, ouvi-nos, Senhor.

– *Ave, Maria...*

10. Concedei-nos graças e dons que jamais imaginávamos.

– Pela intercessão de São José, ouvi-nos, Senhor.

– *Ave, Maria...*

– *Glória ao Pai, ao Filho e ao Espírito Santo...*

Jaculatória

Ó Senhor, meu Deus, em vossas mãos coloco a minha vida. Peço, pela intercessão de São José, alcançar todas as graças e bênçãos que tendes para minha vida, para minha família e para toda a Igreja. Amém.

Salve, Rainha, Mãe de misericórdia, vida, doçura e esperança nossa, salve! A vós bradamos, os degredados filhos de Eva, a vos suspiramos, gemendo e chorando neste vale de lágrimas. Eia, pois, advogada nossa, esses vossos olhos misericordiosos a nós volvei, e depois deste desterro mostrai-nos Jesus, bendito fruto de vosso ventre, ó clemente, ó piedosa, ó doce sempre Virgem Maria.

Rogai por nós, santa Mãe de Deus, para que sejamos dignos das promessas de Cristo.

Pelo Santo Padre e por suas intenções...

– *Pai nosso... Ave, Maria... Glória ao Pai...*

Numa ocasião, estava passando por certa dificuldade, da qual não sabia como sair, pois não tinha dinheiro para fazer a contratação de operários; e me apareceu São José, meu verdadeiro pai e senhor, o qual me disse que não faltaria dinheiro e que poderia contratá-los; assim fiz, sem possuir um centavo. E o Senhor, de um modo maravilhoso que assombrava a todos que o ouviam, me proveu de tudo.

(Santa Teresa de Jesus, V 33, 12)

Segunda parte

Novena a São José

Novena a São José

Pelo sinal da santa cruz,
livrai-nos, Deus, nosso Senhor,
dos nossos inimigos.

Em nome do Pai,
do Filho e do Espírito Santo.
Amém!

Oração para o início de cada dia

Glorioso pai adotivo de Jesus, esposo de Maria, patriarca e protetor da Santa Igreja, a quem Deus Pai confiou a missão de cuidar, guiar e defender na terra a Sagrada Família, protegei também a nós e a todos os fiéis católicos, que fazemos parte do corpo místico de vosso Filho, que é a Igreja. Alcançai-nos as graças de que necessitamos nesta vida e, de modo especial, os auxílios espirituais para a vida eterna. Concedei-nos a graça especial que vos pedimos nesta novena (*pedir com fervor e confiança a graça que se quer obter*).

Primeiro dia

Ó bom Jesus, assim como o Anjo do Senhor consolou vosso amado pai nas perplexidades e incertezas, quando duvidava se deveria abandonar vossa santíssima Mãe e sua esposa, assim também vos suplicamos humildemente que, pela intercessão de São José, nos concedais muita prudência e acerto em todos os casos duvidosos e nas angústias de nossa vida, a fim de que sempre conheçamos vossa santíssima vontade.

Segundo dia

Ó bom Jesus, que consolastes vosso amado pai adotivo na pobreza e no desamparo em Belém com o vosso nascimento, os cânticos dos anjos e a visita dos pastores, nós vos suplicamos humildemente que, por intercessão de São José, nos concedais suportar com paciência as fragilidades e percalços da vida e que alegreis nosso espírito com vossa presença, graça e esperança da glória eterna. Amém.

Terceiro dia

Ó bom Jesus, assim como consolastes vosso amado pai no doloroso mistério da circuncisão, recebendo dele o doce nome de Jesus, nós vos suplicamos humildemente que, por intercessão de São José, nos concedais pronunciar sempre com amor e respeito vosso santíssimo nome, levá-lo no coração, honrá-lo em nossa vida e professar, mediante obras e palavras, que sois nosso Salvador. Amém.

Quarto dia

Ó bom Jesus, que consolastes vosso amado pai no sofrimento que lhe causou a profecia de Simeão, mostrando-lhe o numeroso coro dos santos, nós vos suplicamos humildemente que, pela intercessão de São José, nos concedais a graça de sermos aqueles para os quais sois caminho de ressurreição e que correspondamos fielmente à vossa graça, a fim de chegarmos à vossa glória. Amém.

Quinto dia

Ó bom Jesus, assim como vosso amado pai vos conduziu de Belém até o Egito, a fim de livrar-vos do tirano Herodes, nós vos suplicamos humildemente que, por intercessão de São José, sejamos defendidos contra aqueles que nos querem prejudicar. Dai-nos fortaleza e salvação nas perseguições e, em meio ao desterro desta vida, protegei-nos até chegarmos à pátria celeste. Amém.

Sexto dia

Ó bom Jesus, assim como vosso amado pai vos alimentou e cuidou de vós em Nazaré, e em troca o premiastes com vossa santíssima companhia por tantos anos, mediante vossa doutrina e doce conversação, nós vos rogamos humildemente que, por intercessão de São José, nos concedais o sustento espiritual de vossa graça e de vossa santa amizade. Que possamos viver santa e modestamente, como vós vivestes em Nazaré. Amém.

Sétimo dia

Ó bom Jesus, assim como, para fazer a vontade do Pai celestial, permitistes que vosso amado pai na terra padecesse a dor intensa de vos perder durante três dias, nós vos suplicamos humildemente que, por intercessão de São José, antes queiramos perder tudo, até mesmo os melhores amigos, a deixar de fazer a vossa vontade. Que jamais nos percamos de vós pelo pecado mortal, mas, se por desventura o fizermos, que nos recuperemos mediante o desejo de conversão e o sacramento da Reconciliação. Amém.

Oitavo dia

Ó bom Jesus, que na hora da morte de vosso pai o consolastes, assistindo-o na última agonia, juntamente com Maria, sua esposa, nós vos suplicamos humildemente que, por intercessão de São José, nos concedais partir desta vida de modo semelhante a ele, assistidos por vossa bondosa presença e pela de vossa Santíssima Mãe e do glorioso Patriarca, protetor dos agonizantes, pronunciando vossos santíssimos nomes: Jesus, Maria e José. Amém.

Nono dia

Ó bom Jesus, assim como elegestes, por meio do Santo Padre, vosso vigário na terra, o vosso amado pai como protetor da Santa Igreja Católica, assim também vos suplicamos humildemente que, por intercessão de São José, nos concedais sermos também protegidos de todo mal. Que, crescendo permanentemente no amor a vós e à Igreja, e renovados pela força do Espírito Santo, possamos anunciar-vos a todos ao nosso redor que têm necessidade de vós, de maneira que eles também se integrem de maneira viva à Igreja Católica. Amém.

Se toda a Igreja está em dívida com a Virgem Maria,
por ter recebido dela o Cristo,
de modo semelhante deve também especial gratidão
e reverência a São José.
(São Bernardino de Sena, Sermão 2)

Orações e ladainha

Ainda que tenhamos muitos santos por intercessores,
tenhamos particularmente a São José,
que muito nos alcança de Deus.
(Santa Teresa de Jesus)

Bem-aventurado São José

Ó Bem-aventurado São José, que fostes eleito por Deus para proteger Maria, vossa esposa, e para dar proteção a Jesus, de quem cuidastes como se fôsseis seu pai e a quem vos entregastes inteiramente. Vossa vida, entretecida de trabalhos e silêncio, nos ensina a ser fiéis em todas as situações. Ensinai-me, sobretudo, a me entregar a Deus e a ter paciência nos tempos de obscuridade. Em todos os momentos, vós vos entregastes sem medida. Que vosso exemplo de homem bom e justo me acompanhe sempre, para que eu saiba florescer lá onde a vontade de Deus me plantou. Amém.

Oração por diversas necessidades

Ó glorioso patriarca São José, esposo da Virgem Maria e pai adotivo de nosso Salvador Jesus, que por vossas virtudes, dores e alegrias, recebestes tão singulares títulos, suplico-vos, meu bom amigo, que abençoeis, durante sua gestação e crescimento, todas as crianças e também os jovens; que fortaleçais o amor dos casais; que acompanheis, curando, os corações dos viúvos, das viúvas e dos órfãos; que concedais desejos de renovação espiritual e santidade aos consagrados, às consagradas e aos sacerdotes; paciência e paz aos que estão passando por algum sofrimento; luz a quem estiver na escuridão e ainda não tenha tido a experiência do amor de Deus; fortaleza para reerguer os que caíram; perseverança e contínua renovação interior àqueles que vivem com fidelidade a amizade com Deus.

Que todos sejamos devotos de Maria Santíssima; sintamos que somos Igreja, amando-a como nossa mãe, para não sermos vencidos pelos inimigos; possamos obter as graças e favores que hoje vos pedimos; ser cumulados, cada dia mais, da luz divina; e gozemos eternamente da presença de Deus e da vossa amizade na terra e no céu. Amém.

Súplica

Meu querido São José, vós que sois para mim um pai, eu vos elejo e proclamo como meu protetor nesta vida e quando for o momento de partir para a vida futura. Quando chegar aquele dia, eu me colocarei debaixo de vossos cuidados e proteção, juntamente com meus entes queridos, e com tudo aquilo que tenho e sou. Amém.

Para pedir uma graça

Meu querido pai São José, apoiado na confiança que me inspirais e confiando na vossa valiosa intercessão ante o trono da Santíssima Trindade e de Maria, vossa esposa e nossa Mãe, suplico-vos que intercedais por mim e me obtenhais a graça de (*pedir a graça*).

Jesus, José e Maria, vivei sempre na alma minha.

Jesus, José e Maria, assisti-me na última agonia.

Jesus, José e Maria, levai-me ao céu em vossa companhia.

Lembrai-vos

Lembrai-vos, ó castíssimo esposo da Virgem Maria e amado protetor meu, São José, de que nunca se ouviu dizer que alguém que tenha invocado vossa proteção, implorado vosso auxílio e reclamado vossa proteção, tenha sido por vós desamparado. Animado, pois, com igual confiança em vosso poder, dado que realizastes junto a Jesus a missão de pai, venho a vossa presença e me recomendo a vós com todo o fervor. Não desprezeis as minhas súplicas, antes, dignai-vos de as ouvir propício e de me alcançar o que vos rogo. Amém.

A São José Operário

A vós nos dirigimos, ó São José, nosso protetor nesta terra, como a quem conhece o valor do trabalho e a resposta ao nosso chamado. Por meio de vossa santa esposa, a Imaculada Virgem Maria, Mãe de Deus, e sabendo do amor paternal que tivestes para com o Menino Jesus, nós vos pedimos que nos assistais em nossas necessidades e nos abençoeis e fortaleçais em nossos trabalhos.

Ajudai-nos a realizar dignamente nossas tarefas diárias, livrai-nos do pecado e da avareza de um coração corrompido. Sede vós o amável guardião de nosso trabalho, nosso defensor e fortaleza contra a injustiça e o erro.

Seguimos vosso exemplo e buscamos vosso auxílio, para podermos assim chegar convosco ao descanso eterno no céu. Amém.

Invocação a São José (de São João XXIII)

Ó São José, guarda de Jesus e castíssimo esposo da Virgem Maria, empregastes toda a vossa vida no cumprimento do dever e sustentastes a Sagrada Família de Nazaré com o trabalho de vossas mãos.

Protegei com bondade a todos que se voltam para vós com confiança.

Vós conheceis suas aspirações e esperanças. Eles se dirigem a vós, certos de vossa compreensão e proteção.

Também vós experimentastes provações, cansaços e trabalho. Mas, mesmo imergido nas preocupações materiais da vida, vossa alma estava cheia de profunda paz e de verdadeira alegria, pela intimidade que tínheis no trato com o Filho de Deus que foi confiado a vós e a Maria, sua terna Mãe. Amém.

Oração a São José pela Igreja

Querido São José, que fostes proclamado patrono da Igreja universal. Receosos de nossa oração tão fraca, vimos confiá-la a vós e colocá-la debaixo de vossa proteção e cuidado. Ajudai-nos a recordar que todos nós, batizados, somos Igreja; não somente o Papa, os bispos, os sacerdotes e os religiosos, mas também todos e cada um dos leigos; e que vós também fostes um leigo comprometido com Deus, com a família e com as necessidades do vosso tempo.

Lembrados da missão tão importante que Deus vos confiou – de interceder pela Igreja e por todos os que dela fazem parte –, nós vos pedimos que não cesseis de cuidar desta barca que o mesmo Jesus quis construir, a fim de que, navegando firme nas águas tempestuosas deste mundo, ela continue sempre atraente como nos primeiros tempos; e mantenha-se aberta para receber uma grande multidão de homens e mulheres que nela necessitam entrar.

A vós que protegestes o Menino Jesus de Herodes e de quantos queriam prejudicá-lo, nós pedimos que protejais a Igreja dos Herodes de hoje, os quais tentam por todos os meios destruí-la.

Por fim, nós vos pedimos que intercedais junto ao Senhor para que ele guie os batizados; e que, como Igreja que somos, cada dia possamos ser mais fiéis aos desejos de Jesus, aprofundando uma permanente conversão e purificação, e abrindo-nos ao poder renovador do Espírito Santo. Amém.

Ladainha de São José

Senhor, tende piedade de nós.
Cristo, tende piedade de nós.
Senhor, tende piedade de nós.

Cristo, olhai-nos.
Cristo, escutai-nos.

Deus, Pai do céu, tende piedade de nós.

Deus Filho, Redentor do mundo, tende piedade de nós.

Deus, Espírito Santo, tende piedade de nós.

Santíssima Trindade, que sois um só Deus, tende piedade de nós.

São José, rogai por nós.

Ilustre descendente de Davi, rogai por nós.

Luz dos patriarcas, rogai por nós.

Esposo da Mãe de Deus, rogai por nós.

Guarda delicado da Virgem, rogai por nós.

Vós que sustentastes o Filho de Deus, rogai por nós.

Assíduo defensor de Cristo, rogai por nós.

Chefe da Sagrada Família, rogai por nós.

Justíssimo José, rogai por nós.

Castíssimo José, rogai por nós.

Fortíssimo José, rogai por nós.

Obediente José, rogai por nós.

Fiel José, rogai por nós.

Espelho de paciência, rogai por nós.

Amante da pobreza, rogai por nós.

Modelo de trabalhador, rogai por nós.

Glória da vida em família, rogai por nós.

Protetor das virgens, rogai por nós.

Provedor das famílias, rogai por nós.

Consolo dos pobres, rogai por nós.

Esperança dos enfermos, rogai por nós.

Padroeiro dos moribundos, rogai por nós.

Protetor da Santa Igreja, rogai por nós.

Cordeiro de Deus que tirais o pecado do mundo, perdoai-nos.

Cordeiro de Deus que tirais o pecado do mundo, escutai-nos.

Cordeiro de Deus que tirais o pecado do mundo, tende piedade de nós.

Versículo: Colocou-o como senhor de sua casa.

Refrão: E protetor de tudo quanto possuía.

Oração

*Ó Deus, que com inefável providência vos dignastes eleger
São José para esposo da Santíssima Mãe,
rogamos que nos concedais tê-lo como intercessor no céu,
já que o veneramos como protetor na terra.
Vós, que viveis e reinais pelos séculos dos séculos. Amém.*

Rua Dona Inácia Uchoa, 62
04110-020 – São Paulo – SP (Brasil)
Tel.: (11) 2125-3500
paulinas.com.br – editora@paulinas.com.br
Telemarketing e SAC: 0800-7010081